Benjamin Franklin

Pensador, inventor, líder

Jeanne Dustman

Asesor

Glenn Manns, M.A.
Coordinador del programa de enseñanza de Historia de los Estados Unidos en la Cooperativa Educativa de Ohio Valley

Créditos

Dona Herweck Rice, *Gerente de redacción*; Lee Aucoin, *Directora creativa*; Conni Medina, M.A.Ed., *Directora editorial*; Katie Das, *Editora asociada*; Neri Garcia, *Diseñador principal*; Stephanie Reid, *Investigadora fotográfica*; Rachelle Cracchiolo, M.S.Ed., *Editora comercial*

Créditos fotográficos

Teacher Created Materials

5301 Oceanus Drive
Huntington Beach, CA 92649-1030
http://www.tcmpub.com

ISBN 978-1-4333-2581-6
©2011 Teacher Created Materials, Inc.

Tabla de contenido

Los primeros años

Benjamin Franklin nació en 1706. Vivió en Boston, Massachusetts. Tenía nueve hermanos y siete hermanas.

El joven Ben vende poemas en las calles de Boston.

La casa de Ben en Boston

Hace mucho tiempo, la mayoría de los niños trabajaba de pequeños. Ben sólo fue a la escuela por un año. Le gustaba leer y escribir.

Dato curioso

Los niños aprendían a leer con cartillas. Estas cartillas eran en realidad paletas de madera con palabras impresas.

Ben trabajó en la fábrica de velas de su padre.

La fotografía muestra cómo se fabricaban las velas.

A Ben no le gustaba fabricar velas. Comenzó a trabajar en la imprenta de su hermano. Uno de sus trabajos era imprimir el dinero. Pronto Ben comenzó su propia imprenta.

Ben afuera de su imprenta

Ben el impresor

Ideas nuevas

Ben era **inventor**. Tenía muchas ideas buenas. Ben trabajó mucho para convertir sus ideas en realidad. Fundó el primer departamento de bomberos de los Estados Unidos. También comenzó la primera fuerza de policía de Philadelphia.

Un camión de bomberos estadounidense de 1760

Un oficial de policía a principios de 1900.

En esa época, los libros costaban mucho dinero. Pocas personas tenían libros propios. Ben y algunos de sus amigos abrieron una **biblioteca**. Era la primera biblioteca de los Estados Unidos. Las personas podían tomar **prestados** los libros de la biblioteca.

La biblioteca de Ben en Philadelphia

Ben dentro de la primera biblioteca

Muchos estadounidenses eran pobres.
Cuando se enfermaban, necesitaban ayuda.
Ben y sus amigos fundaron un **hospital**.
En el hospital, los médicos ayudaban a los
enfermos a mejorarse.

Dato curioso

El hospital que fundó Ben
todavía está abierto.

El hospital de Ben

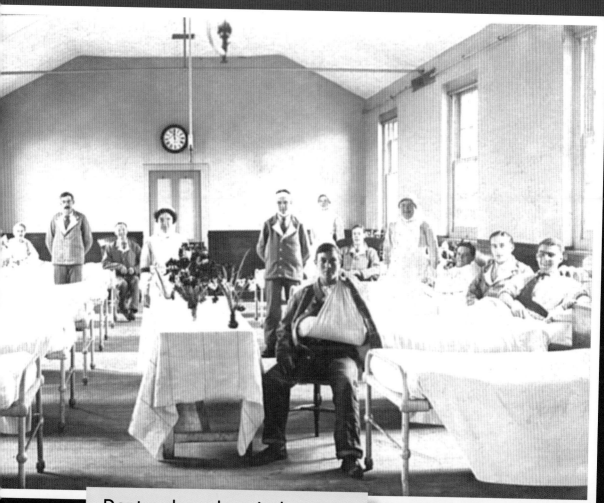

Dentro de un hospital antiguo

Hace mucho tiempo, era difícil enviarles cartas a las personas que vivían muy lejos. Ben creó un nuevo servicio de correos. Él fue el primer **jefe de correos** de Philadelphia.

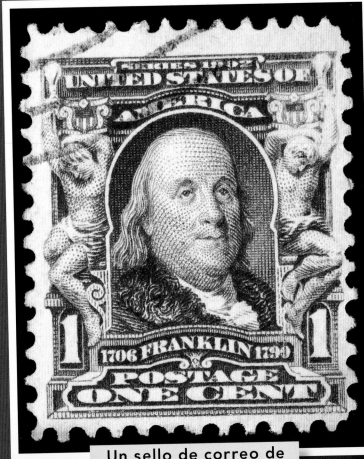

Un sello de correo de Benjamin Franklin.

Una cartera de 1916

Un cartero motorista de 1912

El inventor

Ben era curioso. Colocó una llave en la cuerda de una cometa. Cayó un relámpago sobre la llave. Ben recibió una descarga. Descubrió que los relámpagos son **electricidad**.

Ben y su hijo llevan a cabo el experimento de la llave y la cometa.

¡Los relámpagos caen!

Los inviernos eran fríos. Las personas necesitaban calor. Ben, el inventor, hizo una nueva estufa. Era más limpia que las chimeneas. También daba más calor.

Un hombre usa la estufa de Ben.

Una estufa a leña

El líder

Ben ayudó a escribir la **Declaración de Independencia**. Esta carta decía que los Estados Unidos eran libres de Gran Bretaña. Gran Bretaña no quería que los Estados Unidos fueran libres. Comenzó una guerra entre los dos países.

Declaración de Independencia

El rey Jorge III de Gran Bretaña gobernó los Estados Unidos.

Mapa de las 13 colonias

El rey Jorge III

Los Estados Unidos estaban perdiendo la guerra. Ben se reunió con el rey de Francia. Le pidió al rey que ayudara a los Estados Unidos. Francia envió dinero y soldados. Ayudaron a los Estados Unidos a vencer a Gran Bretaña.

Ben en una reunión importante

Ben en una fiesta en Francia

Los Estados Unidos ganaron la guerra. Ben trabajaba bien con los demás. Trabajó con los líderes británicos para escribir un **tratado** de paz. Este tratado decía que los Estados Unidos eran libres.

Dato curioso

Las marcas rojas que ves abajo son marcas de cera. Hace mucho tiempo, las personas ponían cera junto a sus nombres en los papeles importantes. Ponían su huella digital en la cera.

El Tratado de París

THE LAST RESTING PLACE OF
BENJAMIN FRANKLIN
1706 — 1790

"VENERATED FOR BENEVOLENCE.
ADMIRED FOR TALENTS. ESTEEMED
FOR PATRIOTISM. BELOVED FOR
PHILANTHROPY."

WASHINGTON

"THE SAGE WHOM TWO WORLDS
CLAIMED AS THEIR OWN."

MIRABEAU

"HE TORE FROM THE SKIES THE
LIGHTNING AND FROM TYRANTS
THE SCEPTRE."

TURGOT

Benjamin Franklin

Ben murió el 17 de abril de 1790. Tenía 84 años.

1706

Ben Franklin nace en Boston, Massachusetts.

1728

Ben abre su propia imprenta.

1737

Ben se convierte en el primer jefe de correos de Philadelphia.

tiempo

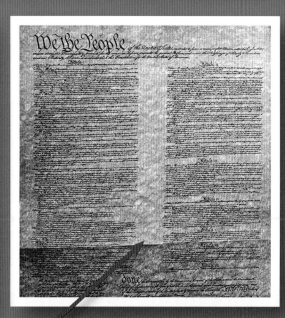

1752

Ben se convierte en inventor.

1776

Ben ayuda a escribir la Declaración de Independencia.

1790

Ben muere a los 84 años.

Glosario

biblioteca—lugar en donde hay libros para leer allí o para tomar prestados

Declaración de Independencia—un papel que escribió el pueblo para afirmar que las 13 colonias estadounidenses eran libres de Gran Bretaña

electricidad—tipo de energía que viaja a través de cables y que hace que funcionen cosas como las lámparas

hospital—lugar adonde van a curarse las personas lastimadas o enfermas

inventor—persona que crea algo nuevo y diferente

jefe de correos—persona a cargo de una oficina postal

pedir prestado—usar algo que pertenece a otra persona, como un libro de una biblioteca

tratado—acuerdo formal entre dos o más países o estados

Índice

Estadounidenses de hoy

La doctora Patricia Bath es la primera mujer afroamericana en crear inventos médicos. ¡Sus inventos ayudan a las personas ciegas a ver!